LISE MEUNIER

POMPONS EN LAINE

Photographies de Richard Boutin

MARABOUT

LE MATÉRIEL

Fil à coudre

Laine

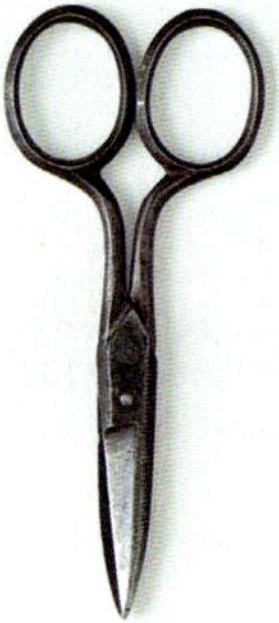

Paire de ciseaux

Fourchette

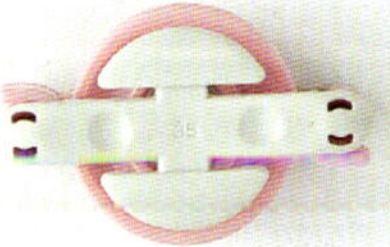

Appareil à pompons

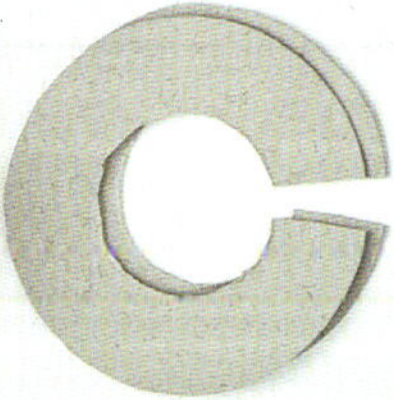

2 cercles en carton

Il est très facile de faire une liste du matériel nécessaire pour la fabrication des pompons, et de plus il est généralement inutile de courir les boutiques si vous avez décidé de vous mettre à cette technique : ce serait bien étonnant que vous n'ayez pas déjà tout sous la main.

En ce qui concerne le matériel lui-même, une **fourchette** ou **deux ronds en carton** font très bien l'affaire, mais **l'appareil à pompons** disponible dans les merceries et les magasins de **laine** est un petit outil très utile qui permet de faire des pompons à une vitesse record. Ensuite, il faut bien évidemment de la laine (des restes d'ouvrages que vous pouvez ainsi utiliser ou bien de la laine achetée pour cette occasion) et du **fil à coudre**.

Voilà, la liste est faite. Vous voyez, vous avez très certainement déjà tout cela à la maison.

AVEC UNE FOURCHETTE

1 * Enroulez la laine autour des dents de la fourchette. Faites plus ou moins de tours, selon la densité souhaitée. Coupez le fil.

2 * Passez un fil de laine entre les dents du milieu de la fourchette, serrez bien fort et nouez.

3 * Coupez la laine de chaque côté.

4 * Répartissez la laine de manière homogène pour donner sa forme au pompon. Taillez aux ciseaux pour égaliser.

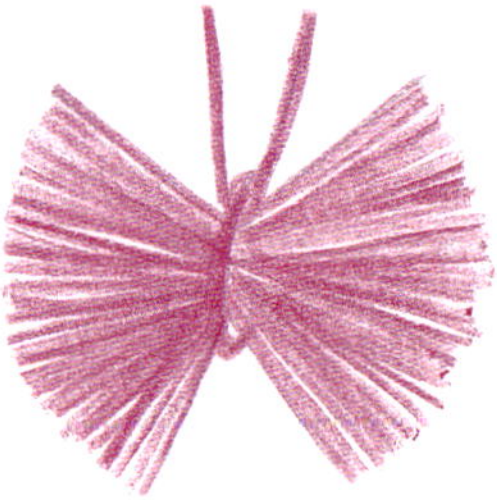

AVEC DES RONDS EN CARTON

1 * Découpez 2 ronds identiques dans du carton au diamètre souhaité pour les pompons, évidez le centre et découpez une ouverture qui permettra de passer le fil.

2 * Superposez les 2 ronds et enroulez la laine autour, de manière à remplir quasiment l'ouverture centrale.

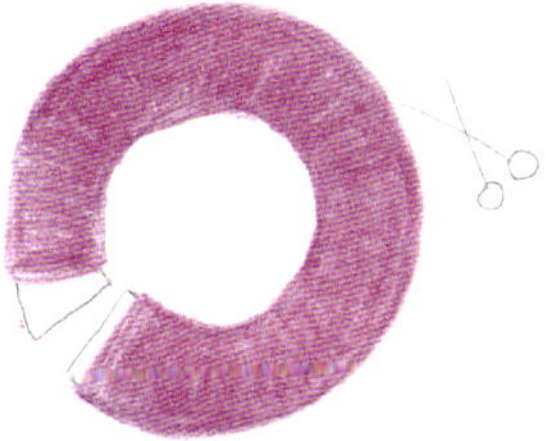

3 * Coupez la laine tout autour en passant la pointe des ciseaux entre les 2 ronds en carton.

4 * Passez un fil de laine entre les 2 ronds, serrez bien fort et nouez. Retirez les 2 ronds en carton.

AVEC UN APPAREIL À POMPONS

1 * Ouvrez les 2 branches supérieures de l'appareil, enroulez un maximum de laine sur toute la longueur et refermez.

2 * Réalisez la même opération sur la partie inférieure.

3 * Coupez la laine en glissant les ciseaux entre les 2 branches, en haut et en bas.

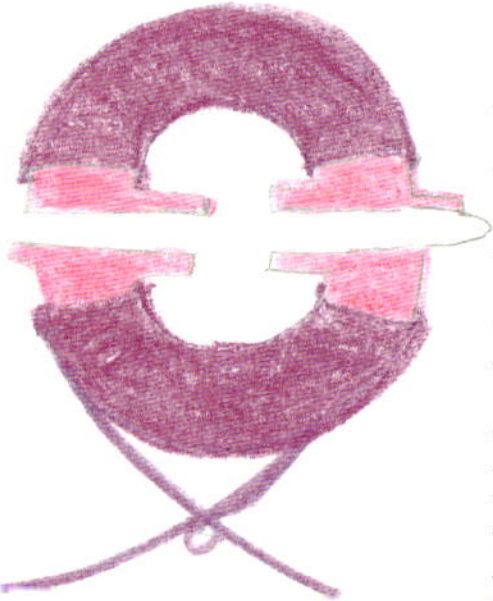

4 * Passez un fil de laine entre les branches, serrez bien fort et nouez. Dégagez le pompon de la machine.

FINITION

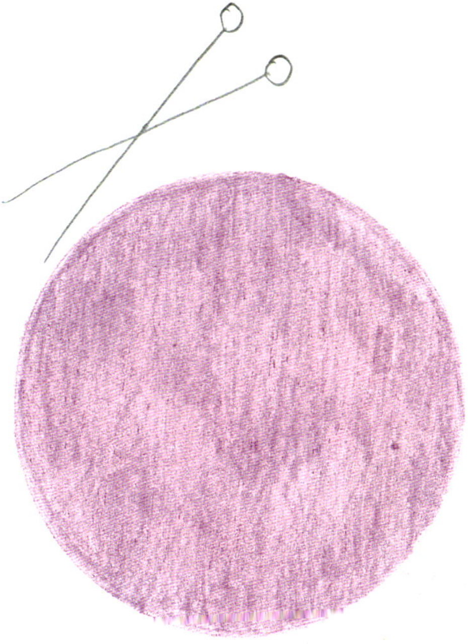

Roulez le pompon entre vos mains pour que ses brins se répartissent uniformément et qu'il prenne une belle forme arrondie, et recoupez les brins qui dépassent avec une bonne paire de ciseaux.

LA COURONNE

PROJET N° 1

Un projet, de multiples utlisations: cette couronne peut se décliner uniquement dans des tons verts et bleus et devenir couronne de l'Avent ou bien jouer, comme ici, sur la complémentarité des couleurs et encadrer miroirs ronds, photos, ou bien tout simplement rester un simple objet de déco !

FOURNITURES ET MATÉRIEL

* 65 pompons de différents diamètres : 8, 6, 4 et 3 cm (16 de chaque) dans un camaïeu de bleu-vert et un autre rouge-orange
* 1 couronne en paille ou en polystyrène de 30 cm de diamètre
* 50 cm de tissu blanc
* 1 boîte de grandes épingles à grosse tête
* des épingles

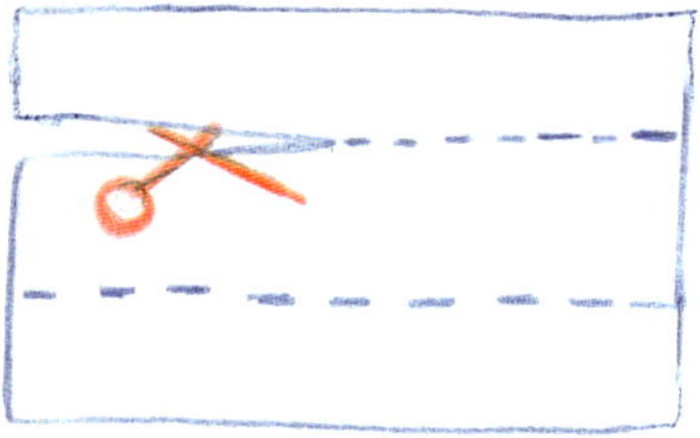

1 * Coupez dans le tissu des bandes de 10 cm de large environ.

2 * Enroulez les bandes autour de la couronne en les faisant se chevaucher à chaque tour.

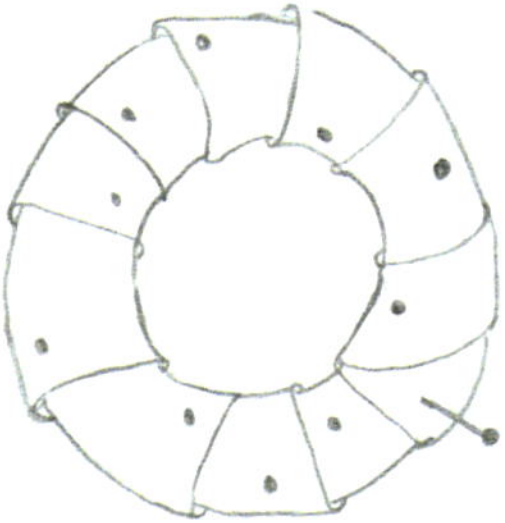

3 * Maintenez-les avec des épingles.

4 * Piquez les pompons sur la couronne avec les grandes épingles, en les serrant bien.

5 * Répartissez un camaïeu de chaque côté.

LA GUIRLANDE

PROJET N° 2

Comment apporter de la gaieté à un intérieur et créer une ambiance de fête en restant éco-responsable ? Voilà la solution : la guirlande de pompons, aussi lumineuse que si elle était électrique !

FOURNITURES ET MATÉRIEL

- 10 pompons multicolores de 8 cm de diamètre, 10 pompons multicolores de 6 cm et 10 pompons multicolores de 4 cm
- 1 pelote de ficelle de lin fine
- 1 grande aiguille à laine

1 * Coupez un morceau de ficelle de 2,20 m environ.

2 * Faites une boucle à une extrémité de la ficelle et enfilez l'aiguille à laine à l'autre extrémité.

3 * Enfilez les pompons en les traversant avec la grande aiguille, en répartissant harmonieusement les tailles et les couleurs.

4 * Enlevez l'aiguille et faites une boucle une fois tous les pompons enfilés. Les boucles permettront d'attacher la guirlande.

LE FOULARD

PROJET N° 3

La mode est aux foulards et si vous voulez avoir un foulard unique, que tout le monde vous enviera, il suffit de coudre 40 tout petits pompons aux couleurs éclatantes autour d'un grand rectangle de tissu. Et surtout, chut, gardez ce secret pour vous !

FOURNITURES ET MATÉRIEL

* 40 tout petits pompons
* 1 coupon de coton fin de 65 × 150 cm
* du fil à coudre assorti
* 1 aiguille à coudre
* des épingles
* 1 aiguille à laine

CONSEIL

Pour réaliser de petits pompons, utilisez la technique de la fourchette en faisant le plus de tours possible pour qu'ils soient denses et compacts.

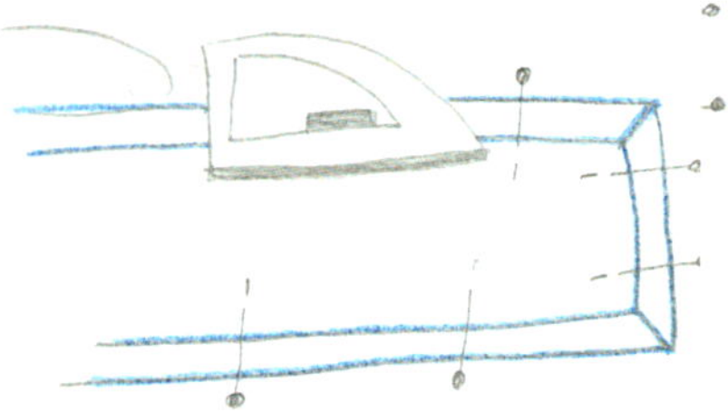

1 * Faites un double rentré tout autour du tissu et aplatissez-le au fer à repasser.

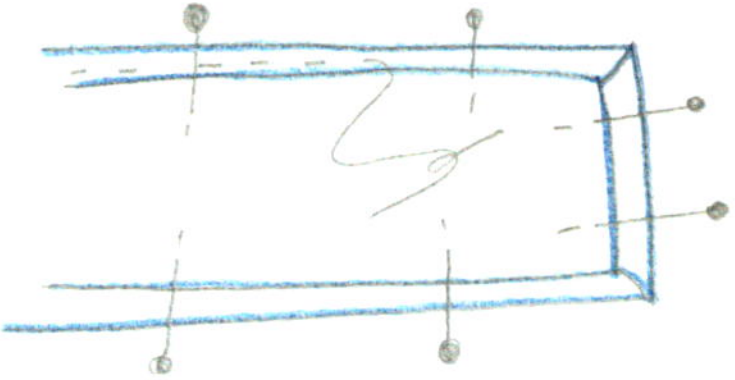

2 * Cousez le rentré à la main à petits points glissés ou à la machine.

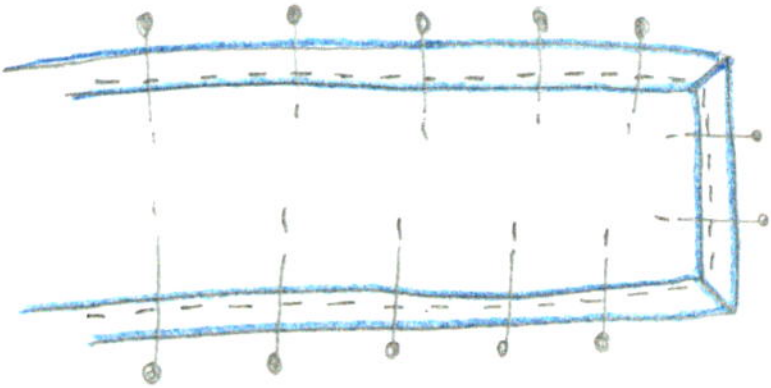

3 * Placez des épingles tout les 10 à 12 cm pour marquer l'emplacement des pompons.

4 * Cousez les pompons avec leur fil.

5 * Rentrez les fils à l'intérieur des pompons.

6 * Coupez les fils.

LE CAHIER ET LE CRAYON

PROJET N° 4

Il existe bien des crayons gommes, alors pourquoi pas des crayons pompons ? D'autant qu'on peut y assortir le cahier pour faire un ensemble de bureau inattendu.

FOURNITURES ET MATÉRIEL

* 6 pompons de 3 cm de diamètre
* 1 cahier
* 1 crayon
* 50 cm d'élastique rond fin de couleur
* 1 grosse aiguille à laine
* de la colle liquide

Enfilez l'élastique sur l'aiguille à laine et transpercez 5 pompons. Placez l'élastique autour du cahier et nouez-le en serrant légèrement. Recoupez les extrémités de l'élastique et glissez le nœud dans un pompon. Répartissez les pompons sur le dessus du cahier. Trempez l'extrémité du crayon dans la colle et enfoncez-le dans le pompon, jusqu'au centre. Laissez sécher.

FABER-CASTELL

LE MARQUE-PLACE

• PROJET N° 5

Réalisez 1 gros pompon. Passez 10 cm de fil de fer dans un trombone à spirale, pliez-le en deux et torsadez-le. Piquez le fil dans le pompon et glissez un petit carton dans le trombone.

LE PAQUET CADEAU

• PROJET N° 6

Réalisez 2 ou 3 pompons de diamètres différents. Coupez 2 ou 3 morceaux de laine du double de la longueur souhaitée pour le ruban. Nouez ces morceaux de laine ensemble et torsadez-les. Nouez ce ruban autour du paquet et accrochez-y les pompons.

LE TOPIAIRE

• PROJET N° 7

Enduisez une branche de colle et enroulez de la laine autour. Trempez une extrémité de la branche dans de la colle et enfoncez-la jusqu'au centre d'un très gros pompon. Enfoncez l'autre extrémité dans un pot rempli de sable aux trois quarts.

LE BOUQUET

• PROJET N° 8

Réalisez 5 pompons de 4 cm de diamètre et 4 autres de 3 cm de diamètre, de différentes couleurs mais en restant dans les mêmes tons. Trempez le bout de baguettes de bois dans de la colle liquide et enfoncez-les dans les pompons jusqu'au centre. Laissez sécher. Faites une cordelette avec des laines de plusieurs couleurs et nouez-la autour du bouquet.

LES BRANCHES

PROJET N° 9

Un style épuré pour une ambiance zen sur un mode récup'.
Ces branches seront du plus bel effet dans des bouteilles en verre transparent de différentes tailles et de différentes formes.

FOURNITURES ET MATÉRIEL

* 6 pompons (3 de 4 cm de diamètre et 3 de 3 cm)
* des petites branches
* de la colle liquide

Enlevez l'écorce de quelques petites branches et nettoyez-les bien pour qu'elles aient un bel aspect (vous pouvez aussi les peindre). Trempez le bout des branches dans de la colle liquide et enfoncez-les dans les pompons jusqu'au centre. Laissez sécher. Glissez les branches dans des récipients en verre.

LE PETIT CABAS

PROJET N° 10

Voici une jolie manière de customiser un simple cabas de toile et de jouer sur le mode... cocooning !

FOURNITURES ET MATÉRIEL

* 20 pompons de 6 cm de diamètre
* 1 sac de 18 x 25 cm
* 1 aiguille à laine
* quelques aiguillée de laine assortie

Enfilez l'aiguille sur le fil de nouage d'un pompon et cousez-le sur le devant du sac. Cousez tous les pompons de la même manière en les alignant. Faites un nœud au bout d'une aiguillée de laine de 35 cm environ, passez le fil dans tous les pompons de la première rangée horizontale puis nouez-le au bout. Faites la même chose pour les autres rangées horizontales, puis la même chose verticalement (cela permettra que les pompons soient bien maintenus entre eux).

LE SAUTOIR ET LE BRACELET

PROJET N° 11

Un sautoir et un bracelet chic, sobres et glamour, ou comment faire des accessoires à la pointe de la mode avec trois fois rien !

FOURNITURES ET MATÉRIEL

POUR LE SAUTOIR

* 6 pompons de 2 cm de diamètre de 3 couleurs différentes
* 80 cm de fine chaîne serpent vieil or
* 2 attaches pince-lacet
* 1 anneau rond, 1 anneau ovale
* 1 fermoir mousqueton
* 12 perles à écraser environ
* 3 perles vieil or de 1 cm de diamètre
* 3 perles vieil or de 0,5 cm de diamètre
* 1 pince à écraser
* de la colle forte liquide

POUR LE BRACELET

* 3 pompons de 2 cm de diamètre de 3 couleurs différentes
* 20 cm de fine chaîne serpent vieil or
* 20 cm de chaîne boule vieil or
* 2 attaches pince-lacet pour la chaîne serpent
* 2 attaches cache-nœud pour la chaîne boule
* 4 perles vieil or de 0,5 cm de diamètre
* 8 perles à écraser
* 1 fermoir mousqueton
* 2 anneaux ovales pour attacher les chaînes ensemble
* 1 anneau rond pour la fermeture

1 * Enduisez de colle le bout de la chaîne et glissez-le dans l'attache pince-lacet. Serrez avec la pince.

2 * Enfilez 1 anneau ovale sur l'attache, glissez-y le fermoir, et fermez.

3 * Enfilez 1 perle à écraser sur la chaîne et serrez-la à 14 cm du fermoir.

4 * Glissez contre la perle 1 pompon et 1 perle à écraser, et serrez. Enfilez ensuite à 8 cm de la dernière perle 1 perle à écraser, 1 petite et 1 grosse perle vieil or et 1 perle à écraser, et serrez les perles.

ASTUCE
Réalisez le bracelet en reprenant les explications du sautoir et en ajoutant la chaîne boule.

5 * Continuez à enfiler les perles et les pompons de manière aléatoire en utilisant les perles à écraser pour maintenir les espaces entre les éléments.
Terminez comme pour l'autre extrémité de la chaîne avec l'attache pince-lacet, en y fixant l'anneau rond qui permet de fermer le sautoir.

LE SERRE-TÊTE

PROJET N° 12

3 pompons + 1 serre-tête = de quoi ravir une jeune coquette. C'est tellement facile à réaliser qu'elle peut même en avoir de toutes les couleurs, à assortir à ses tenues !

FOURNITURES ET MATÉRIEL

* 3 pompons de 6, 4 et 3 cm de diamètre
* 1 serre-tête large en plastique
* 1 pelote de laine
* du ruban adhésif
* de la colle blanche vinylique liquide
* 1 pinceau plat

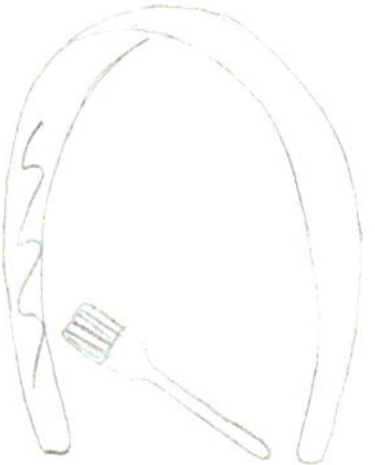

1 * Enduisez de colle l'intérieur du serre-tête.

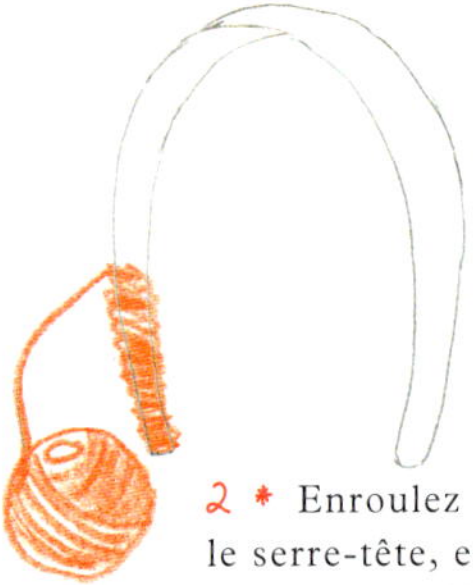

2 * Enroulez la laine sur le serre-tête, en la serrant bien pour qu'il n'y ait pas de jours mais en ne la faisant pas se chevaucher.

3 * Maintenez les extrémités de la laine avec du ruban adhésif le temps du séchage.

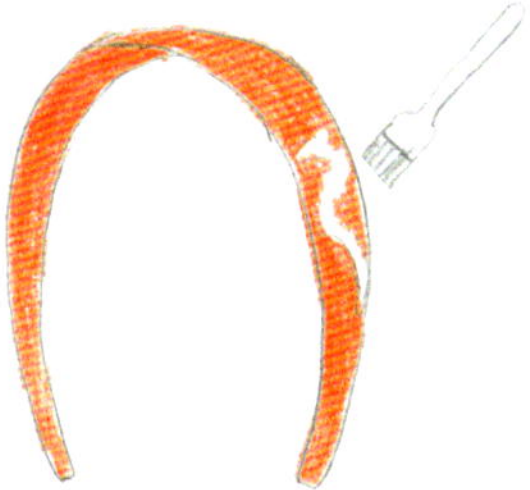

4 * Enduisez de colle le dessus du serre-tête à l'emplacement des pompons.

5 * Positionnez les pompons et nouez-les à l'intérieur avec leur fil d'attache, en commençant par le plus gros et en allant en ordre décroissant.

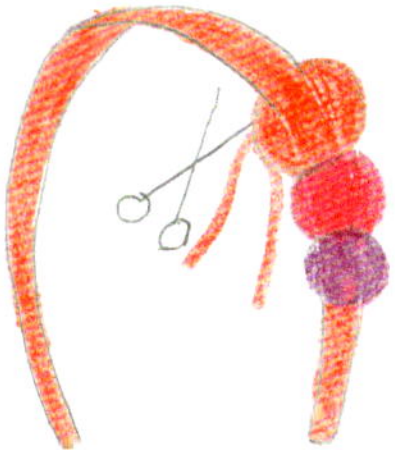

6 * Coupez les fils.

LE PORTE-CLÉS

• PROJET N° 13

Pliez deux rubans de 20 cm et glissez la pliure dans un anneau porte-clés. Passez les deux extrémités des rubans dans la pliure et tirez pour nouer. Enfilez 1 grosse perle sur chaque ruban et faites un nœud. Attachez 1 pompon sur l'anneau.

LES PEIGNES

• PROJET N° 14

Cousez sur des peignes, au fil à coudre, 2 petits pompons faits avec une fourchette, en passant entre les dents des peignes ou dans les trous prévus à cet effet si les peignes en sont pourvus. Faites un nœud solide et coupez le fil.

LES ÉPINGLES À CHIGNON

• PROJET N° 15

Cousez sur des épingles à chignon, au fil à coudre, 1 ou 2 petits pompons faits avec une fourchette, en serrant bien le fil pour que les pompons ne bougent pas. Faites un nœud solide et coupez le fil.

LE BONNET

• PROJET N° 16

Cousez 2 pompons de 6 cm de diamètre sur un bonnet rond, avec les fils de nouage, comme des petites oreilles. Passez les deux extrémités des fils de nouage de chaque pompon à l'intérieur du bonnet, nouez-les ensemble et coupez-les.

LE BRACELET

PROJET N° 17

Devant, derrière... devant, derrière... et voilà, c'est fait. La laine est passée dans les maillons, il ne reste plus qu'à accrocher les médailles et les pompons ! Réalisation simplissime pour une gourmette chicissime !

FOURNITURES ET MATÉRIEL

* 2 pompons de 2 cm de diamètre
* 18 cm de chaîne gourmette dorée
* 2 grands anneaux ovales et 3 petits
* 1 fermoir mousqueton
* 2 petites médailles et 1 grande
* 30 cm de laine assortie
* 1 pince à écraser
* 1 aiguille à laine

1 * Glissez le fermoir dans un des grands anneaux ovales et fixez ces anneaux avec la pince aux extrémités de la chaîne.

2 * Nouez le morceau de laine sur le 1er maillon et passez-le dans chaque anneau de la chaîne. Faites un double nœud sur le dernier maillon et recoupez le fil.

3 * Ouvrez un petit anneau et enfilez-le sur la chaîne à 4 cm du fermoir environ. Enfilez une médaille sur l'anneau et fermez-le.

4 * Fixez les deux autres médailles de la même manière dans les maillons suivants.

5 * Nouez les 2 pompons sur la gourmette à 8 cm du fermoir environ.

6 * Faites passer les fils dans les pompons avec l'aiguille à laine et coupez-les.

L'ÉCHARPE

PROJET N° 18

Une écharpe sans pompons c'est comme une fête foraine sans flonflons : un peu triste, non ?

FOURNITURES ET MATÉRIEL

* 2 gros pompons de 8 cm de diamètre
* 1 écharpe en laine
* du fil à coudre assorti
* 1 aiguille
* 1 aiguille à laine

Pliez l'écharpe en deux et passez un fil de fronces double à chaque extrémité. Tenez fermement les extrémités du fil et froncez l'écharpe en serrant bien. Arrêtez solidement les fils de fronces. Cousez 1 pompon à chaque extrémité de l'écharpe avec ses fils de nouage et coupez-les.

LA PAIRE DE CHAUSSETTES

• PROJET N° 19

Cousez 1 tout petit pompon fait avec une fourchette à l'arrière d'une chaussette courte, avec une extrémité de son fil de nouage. Passez les deux extrémités du fil à l'intérieur de la chaussette, nouez-les ensemble et coupez-les. Cousez un autre pompon sur l'autre chaussette de la même manière.

LE GRIGRI DE SAC

• PROJET N° 20

Fixez 1 grelot à une chaîne dorée, 1 petit pompon en Lurex à une autre chaîne, enfilez-les sur un anneau doré et accrochez-y 1 pompon en laine et Lurex. Fixez un mousqueton doré sur cet anneau.

LA BROCHE

• PROJET N° 21

Coupez avec une pince 5 morceaux de chaînette dorée (1 fois 3, 7 et 8 cm, 2 fois 4 cm). Enfilez un anneau doré au bout de chaque chaînette, refermez-les et glissez-les sur une épingle de nourrice dorée. Glissez des breloques dans des petits anneaux dorés et fixez-les aux extrémités des chaînettes. Accrochez sur l'épingle 1 pompon en laine et Lurex de 3 cm de diamètre.

LES PIN'S

• PROJET N° 22

Collez trois médailles en métal de 2 cm de diamètre sur des attaches de pin's avec de la colle forte et laissez sécher. Recoupez 3 pompons de 3 et 4 cm de diamètre de façon à obtenir une face plate et collez-les sur les médailles.

LES BOULES DE NOËL

PROJET N° 23

Pour décorer la maison à Noël à un prix défiant toute concurrence, rien de tel que les boules de Noël en pompons. D'autant que vous pouvez les varier à volonté : unies, de plusieurs couleurs, avec un côté d'une couleur et l'autre d'une autre couleur... et même scintillantes si vous les faites en Lurex.

FOURNITURES ET MATÉRIEL

* des pompons de 4, 6 et 8 cm de diamètre
* 1 branche fine
* de la colle liquide
* 1 pinceau plat
* du ruban adhésif
* différentes pelotes de laine

Enduisez une branche de colle et enroulez de la laine autour par sections, en serrant bien pour ne pas laisser de jours mais en ne la faisant pas se chevaucher. Maintenez les extrémités des morceaux de laine avec du ruban adhésif le temps du séchage. Accrochez les pompons sur la branche en alternant les longueurs de fil et les tailles des pompons, puis disposez de « vraies » boules de Noël entre eux.

LE COLLIER

PROJET N° 24

Les colliers ont parfois tendance à être un peu lourds, mais avec celui-ci vous n'aurez pas ce genre de souci. Vous pourrez porter vos « bijoux » en toute occasion.

FOURNITURES ET MATÉRIEL

* 2 pompons de 8 cm de diamètre, 2 de 6 cm, 5 de 4 cm et 1 de 3 cm
* 3 pelotes de laine assorties
* 1 morceau de fil de fer fin de 20 cm
* 1 épingle de nourrice

1 * Coupez 3 brins de laine de chaque couleur de 1,20 m.

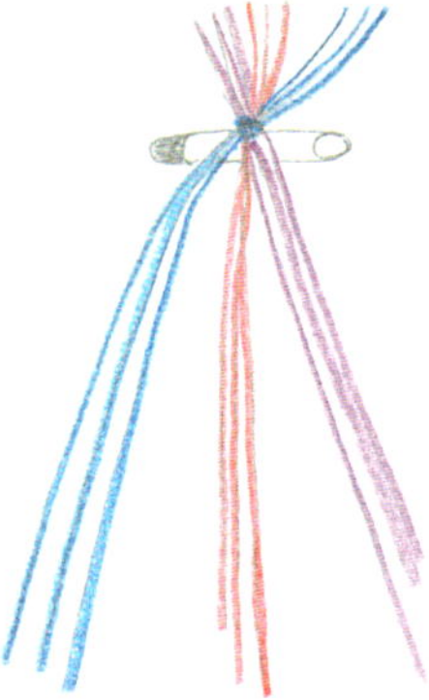

2 * Nouez ces brins de laine ensemble et attachez-les à un support (un coussin, par exemple) avec une épingle de nourrice.

3 * Faites une tresse et arrêtez-la en nouant les brins ensemble.

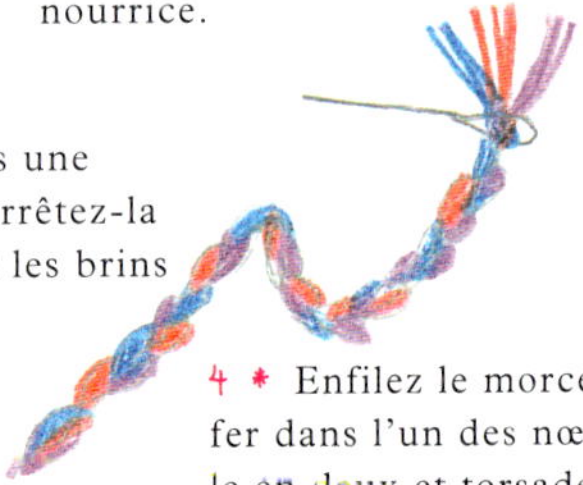

4 * Enfilez le morceau de fil de fer dans l'un des nœuds, pliez-le en deux et torsadez-le pour former une grande aiguille.

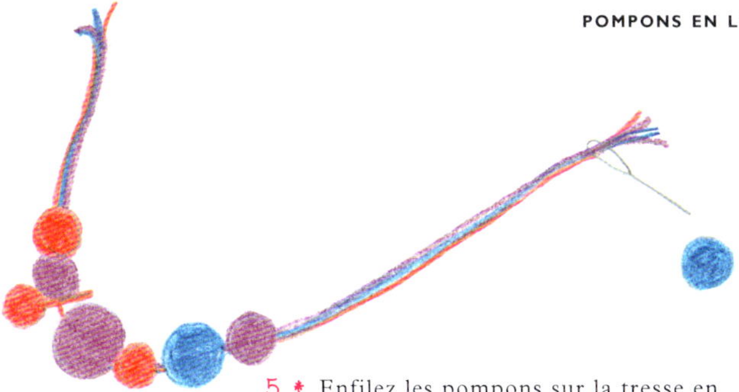

5 * Enfilez les pompons sur la tresse en suivant cet ordre : 2 de 4 cm, 1 de 6 cm, celui de 3 cm, 1 de 6 cm, 1 de 4 cm mais accroché par son fil pour être légèrement décalé et 2 de 4 cm.

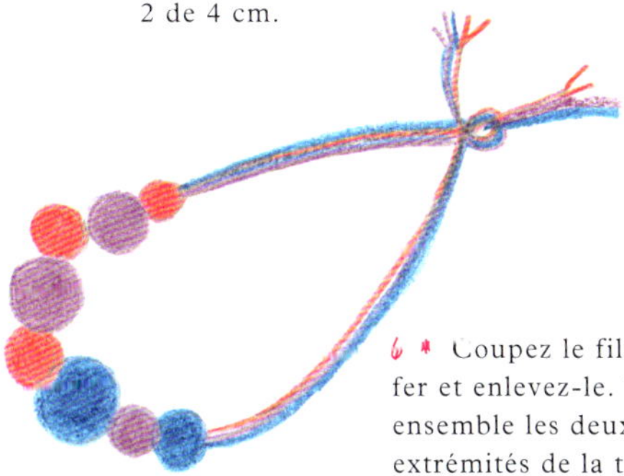

6 * Coupez le fil de fer et enlevez-le. Nouez ensemble les deux extrémités de la tresse pour fermer le collier.

LE TABOURET

PROJET N° 25

Une assise en tissu rembourrée de ouatine, 30 pompons de trois tailles différentes pour jouer sur les volumes, dans un dégradé de vert et de bleu rehaussé d'une petite touche de blanc… voilà de quoi redonner un petit coup de peps à un tabouret.

FOURNITURES ET MATÉRIEL

* 10 pompons de 8 cm de diamètre, 10 pompons de 6 cm et 10 pompons de 4 cm dans un camaïeu de bleu et de vert, 1 pompon blanc de 4 cm de diamètre
* 1 tabouret
* 1 coupon de drap blanc de 50 × 100 cm
* de la ouatine
* du fil à coudre blanc
* 1 aiguille
* 1 aiguille à laine
* 1 crayon

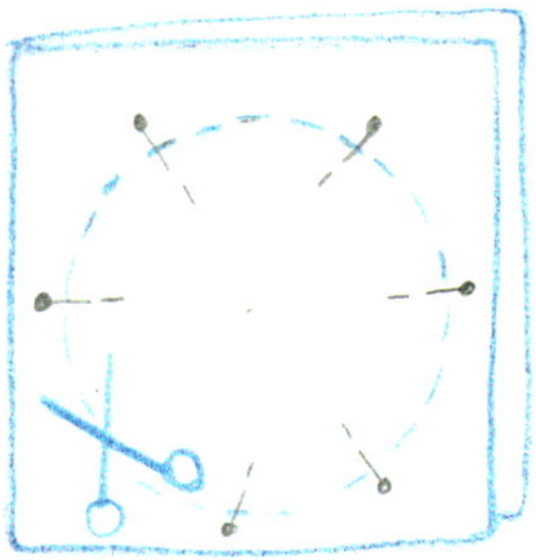

1 * Pliez le drap en deux, reportez dessus au crayon la forme de l'assise du tabouret et coupez le tissu en ajoutant une marge de couture de 1 cm.

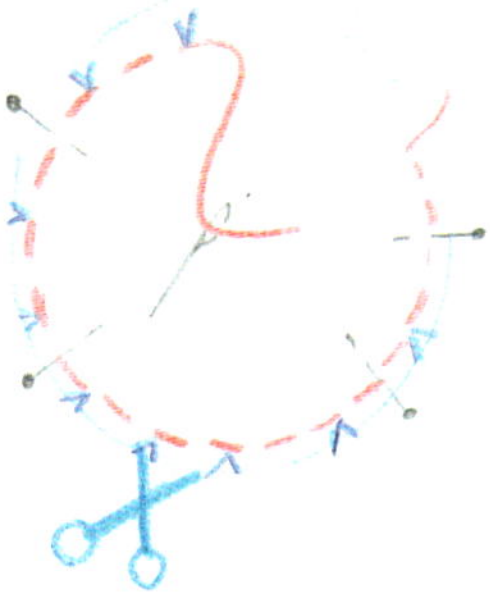

2 * Piquez le tour à la machine sur le tracé, en laissant une ouverture de 10 cm. Crantez la marge de couture et retournez la housse sur l'endroit.

3 * Repassez pour bien aplatir la couture. Coupez un morceau de ouatine aux dimensions de la housse et glissez-le à l'intérieur.

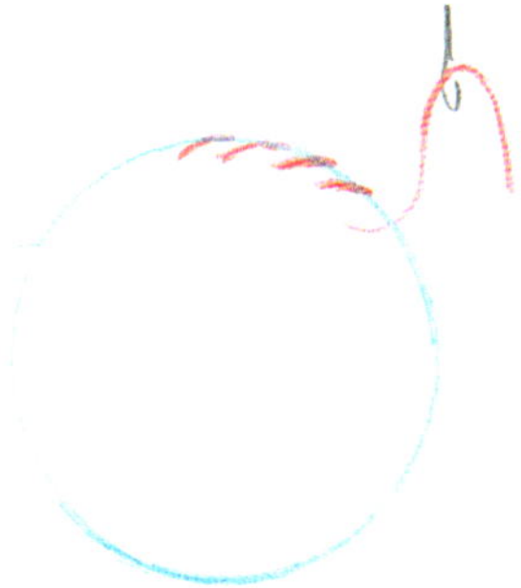

4 * Fermez la housse à la main,
à petits points glissés.

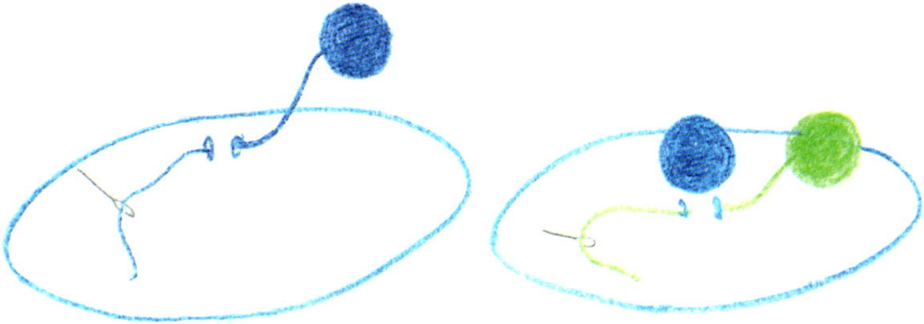

5 * Cousez les pompons sur le dessus de la housse avec leur fil de nouage puis nouez les deux extrémités du fil de nouage et coupez.

TABLE DES MATIÈRES

Édité par Hachette-Livre
(43, quai de Grenelle Paris Cedex 15)

Imprimé par Impresia-Cayfosa, Espagne
Dépôt légal : février 2013
ISBN : 978-2-501-08528-1
41-2742-9
Mise en pages : Else

REMERCIEMENTS

Tous les petits accessoires pour les bijoux, les porte-clés, le grigri et le peigne viennent de La Droguerie
http://www.ladroguerie.com

La laine vient de chez Bergère de France
http://www.bergeredefrance.fr

Merci aux pom-pom girls et aux pom-pom boys,
Merci Annaïg pour tes jolis meubles et ton infinie gentillesse,
Merci Richard pour ta patience, ton humour, tes si belles photos, et pour les croissants aussi !
Merci à Bergère de France pour leurs merveilleuses laines.

Bergère de France
91, rue Bradfer - 55010 Bar-le-Duc
http://www.bergeredefrance.fr

Pour l'éditeur le principe est d'utiliser des papiers composés de fibres naturelles, renouvelables, recyclables et fabriquées à partir de bois issus de forêts qui adoptent un système d'aménagement durable. En outre, l'éditeur attend de ses fournisseurs de papier qu'ils s'inscrivent dans une démarche de certification environnementale reconnue.